L'ABBÉ PAUL BICHERY

PRÊTRE

DE L'ÉGLISE CATHOLIQUE GALLICANE

ET

S. ÉM. LE CARDINAL GUIBERT

ARCHEVÊQUE ULTRAMONTAIN DE PARIS

Prix : 1 franc.

SE VEND

A L'ÉGLISE CATHOLIQUE GALLICANE

7, RUE ROCHECHOUART, 7

PARIS

L'ABBÉ PAUL BICHERY

ET

S. ÉM. LE CARDINAL GUIBERT

SCEAUX. — IMPRIMERIE CHARAIRE ET FILS.

L'ABBÉ PAUL BICHERY

PRÊTRE

DE L'ÉGLISE CATHOLIQUE GALLICANE

ET

S. ÉM. LE CARDINAL GUIBERT

ARCHEVÊQUE ULTRAMONTAIN DE PARIS

Prix : 1 franc.

SE VEND

A L'ÉGLISE CATHOLIQUE GALLICANE

7, RUE ROCHECHOUART, 7

PARIS

AVANT PROPOS

J'ai longtemps hésité avant de me déterminer à publier cet écrit. Je répugnais non seulement à occuper le public de ma personnalité, mais encore à mettre en scène les personnages haut placés qui m'ont fait tant de mal. On pouvait croire que je me laissais dominer par un coupable sentiment de vengeance, ou un puéril amour-propre. Dieu merci, de telles pensées me sont en horreur ; elles répugnent à mon caractère et à ma foi. J'ai appris, dès mon enfance, à respecter le prêtre, quelle que fût l'indignité de l'homme.

Jeune encore, il me fût donné de voir bien des choses. J'ai vu de près de bons et saints prêtres, j'en ai vu aussi de bien indignes et d'un caractère bas et vil. Jamais je ne me suis départi envers ces derniers du respect que m'inspirait le sacerdoce, et j'ai gardé le silence sur leurs désordres et leurs travers.

Aujourd'hui encore, je ne cherche pas la vaine

satisfaction de soulever leur masque et de les dépouiller de la peau de brebis dont ils se couvrent. J'obéis à un sentiment plus élevé. J'ai besoin de dire par quelles voies j'ai été amené à la lumière. L'injustice, me suis-je dit, une injustice obstinée, systématique, consommée sciemment, ne peut se concilier avec la vérité évangélique ; la tyrannie avec la liberté chrétienne ; la cruauté gratuite et de sang-froid, avec la charité de Jésus-Christ. Quand les plus hauts dignitaires de l'Église, quand un archevêque et son conseil foulent aux pieds le droit et la dignité d'un homme, quand ils s'efforcent de ternir son honneur et de briser sa vie, quand ils ne reculent pas devant le scandale de tels procédés, quand ils font toutes ces choses uniquement parce qu'ils ont une autorité sans contrôle et qu'ils sont sûrs de l'impunité, l'on se demande si ces gens-là sont dans la voie de la vérité et si les doctrines dont ils s'autorisent sont les vraies doctrines de Jésus-Christ. Voilà ce que je me suis dit.

Chassé par eux de la carrière ecclésiastique, où je me croyais le droit et le devoir d'entrer, j'ai cherché loin d'eux et j'ai trouvé. J'ai trouvé la lumière loin de leurs ténèbres, le repos du cœur et la sérénité de l'âme loin de leurs persécutions.

Ma pauvre mère est morte avant le temps, victime de leurs injustes prétentions ; mais, éclairée de la vraie lumière, elle s'est endormie dans le repos de son âme et dans le baiser de Dieu. Quant à moi, la réflexion, une étude sérieuse, et aussi la grâce de Dieu, m'ont conduit aux pures sources de la doctrine, au sein de l'Église ancienne, l'Église nationale de France, qui pendant dix-huit siècles, fut en communion avec l'Église universelle, Église catholique, puisqu'elle a la catholicité des siècles, — apostolique, puisqu'elle a conservé la doctrine des apôtres, — par conséquent, la vraie Église.

L'histoire de mes luttes avec l'archevêché de Paris forme tout l'objet de cet écrit. Je suis forcé d'entrer dans des détails fastidieux pour le lecteur, je ne puis me le dissimuler, mais qui, ce me semble, mettront plus en relief le mauvais vouloir de mes persécuteurs, la dureté de leurs procédés envers moi, tout ce qu'ils ont ajouté de cruel au déni de justice dont j'ai été victime.

I

Je suis un enfant de Paris.

Je suis né en 1848 à la Salpêtrière, où ma mère, en qualité de surveillante, a passé cinquante ans de sa vie au service des pauvres et des malades. Son dévouement, sa charité, l'énergie de son caractère, la fidélité à tous ses devoirs les plus pénibles, lui ont mérité l'estime de ses supérieurs, l'affection de tous. Elle a laissé dans ce vaste établissement le renom d'une femme héroïque et sa mémoire y est en bénédiction.

C'était une femme de foi solide et d'une piété éclairée. Rien ne lui paraissait plus noble ni plus agréable à Dieu que de servir les pauvres avec dévouement, de remplir exactement les devoirs de sa charge et veiller avec un tendre soin à l'éducation de ses enfants. Je passai toute ma jeunesse sous ses yeux, au sein de ma famille. C'est là que naquirent et se développèrent mes goûts pour le ministère ecclésiastique. Mon bonheur était d'orner les autels, de servir la messe des aumôniers de la maison et d'assister aux offices. Les mystères de la foi, celui de l'Eucharistie surtout, me ravissaient. Je conçus dès ma plus tendre enfance la plus haute idée des fonctions du prêtre. Enseigner le catéchisme aux enfants, consoler les malades, encourager les pauvres et les affligés, annoncer la parole de Dieu, administrer les sacrements, monter à l'autel surtout et m'approcher du Dieu de l'Eucharistie : toutes ces fonctions du ministère sacerdotal furent, de bonne heure, l'objet de mes suprêmes ambitions. Oh! que j'aurais voulu devenir prêtre !

Témoin de mes dispositions, M. l'abbé Guische, de sainte mémoire, 1er aumônier de la Salpêtrière, offrit à ma mère, en 1862, — j'avais alors 14 ans, — de me donner des leçons de latin. Il me connaissait depuis son entrée dans la maison en 1855.

Il crut reconnaître en moi, ainsi que ses confrères, des signes de vocation ecclésiastique. Je suivis leurs leçons et, l'année suivante, je fus admis, comme externe, dans la classe de sixième, au petit séminaire de Saint-Nicolas-du-Chardonnet, dirigé par M. l'abbé Heuqueville, auquel succéda, l'année suivante, M. l'abbé Vernhes et enfin M. l'abbé Hautin, en 1866.

Je fis, sous leur direction, mes classes de 6me, de 5me, de 4me et une partie de ma 3me. J'obtins pendant tout ce temps-là, chaque trimestre et chaque mois, les meilleures notes sur tous les points : piété, conduite, études, examen.

Au mois d'avril 1867, l'externat fut supprimé et, pour ce motif, je quittai la maison ; à cause de ma débile santé, le supérieur me conseilla de prendre des leçons particulières et de continuer ainsi mes études. M. l'abbé Chaumont, alors vicaire à Saint-Marcel, voulut bien être mon professeur. Il me fit achever ma 3me, mes humanités et ma rhétorique et, en 1869, je fus admis, après examen, en philosophie, au séminaire d'Issy, par M. l'abbé Maréchal, qui en était supérieur.

Après trois mois, ma santé s'altéra et fut bientôt gravement compromise. Je dus changer d'air et m'éloigner de Paris. Vivement recommandé par mon supérieur, je fus reçu au séminaire de Versailles, où je terminai ma philosophie.

Après les vacances que je passai dans le Jura, je rentrai, avant le siège, chez ma mère, à la Salpêtrière, où je suis demeuré près d'elle jusqu'au 5 avril 1871. Elle fut d'avis que j'allasse passer quelque temps à Harnes (Pas-de-Calais), son pays natal, où elle avait sa famille.

L'air pur du Nord m'eut bientôt rendu mes forces et rétabli complètement ma santé.

J'étais dans le diocèse d'Arras, loin des agitations de la Commune de Paris qui se prolongeait. Sur l'avis du médecin, encouragé d'ailleurs par ma famille et par plusieurs ecclésiastiques de mes amis, tant d'Arras que de Paris, pourvu d'excellents certificats, je me présentai au grand séminaire d'Arras, pour y faire mes études théologiques. J'étais attiré surtout par la haute réputation de science et de piété dont jouissent en France les supérieurs et les élèves de ce grand séminaire..J'y entrai au mois d'octobre 1871, et je me livrai au travail avec ardeur.

J'allais atteindre enfin au but suprême de mes ardentes aspirations, le sacerdoce ; j'allais pouvoir, à l'exemple des bons prêtres, consacrer ma vie au service des petits et des pauvres ; j'étais heureux !

Hélas ! j'étais loin de prévoir le coup terrible qui devait briser ma carrière.

Qui eût pu croire que mon premier pasteur, celui qui devait me protéger de sa houlette, l'archevêque de Paris, le cardinal Guibert, se préparait à m'écraser sous son pastoral bâton ?

Ma première année de théologie terminée, je partis pour Paris, afin de passer mes vacances dans ma famille. Je portais l'habit ecclésiastique. Je devais recevoir la tonsure cléricale et les premiers ordres sacrés l'année suivante, qui devait être la seconde de mon séminaire. D'après la discipline en usage, nul ne peut être ordonné par un évêque étranger à son diocèse, s'il n'y est autorisé par des lettres spéciales de son propre évêque.

Je ne pouvais donc recevoir les saints ordres des mains de l'évêque d'Arras sans l'autorisation écrite de l'archevêque de Paris. Cette autorisation est ce qu'on appelle des *lettres dimissoriales*. Ces lettres ne se refusent jamais à un élève de théologie qui, à l'appui de sa demande, présente des certificats d'aptitude et de capacité, délivrés par le supérieur du grand séminaire où il fait ses études.

M. Portenart, supérieur du grand séminaire d'Arras, voulut bien en faire la demande à l'archevêque de Paris, dans une lettre qu'il lui écrivit et qu'il me confia, me recommandant de la porter moi-même, et ne doutant nullement que ces lettres dimissoriales ne me fussent immédiatement accordées.

Voici le texte de cette lettre :

« Arras, septembre 1872.

« Monseigneur,

« Depuis un an que M. Paul Bichery, enfant de « Paris, est dans notre grand séminaire, il a constam- « ment donné l'exemple de la vraie et solide piété, de « la régularité, de l'assiduité au travail, en un mot, de « toutes les qualités qui font les bons prêtres : il a « aussi les connaissances nécessaires pour rendre de « vrais services à l'Église.

« Nous serons heureux d'avoir pour ses ordinations « des lettres dimissoriales.

« J'ai l'honneur d'être, etc.,

« **PORTENART,**
« Vicaire général,
supérieur du grand séminaire d'Arras. »

L'archevêque de Paris, après avoir pris connaissance de cette lettre, me dit : « Mon cher abbé, soyez tran-
« quille. Vous savez que, selon l'habitude, il faut que
« les plus petites choses aillent au conseil. J'en dirai
« un mot mardi prochain et, de suite, l'on enverra à
« votre supérieur vos lettres dimissoriales. »

M. le supérieur du séminaire d'Arras ni moi ne reçûmes de réponse. A la date du 4 décembre suivant, l'époque des ordinations s'approchant, M. le Supérieur renouvela sa demande à l'archevêque de Paris, en termes à peu près identiques. Voici la réponse qu'il en reçut enfin. Le lecteur appréciera le ton que prend l'aimable secrétaire envers un vénérable supérieur de grand séminaire.

« Paris, le 16 décembre 1872.

« Monsieur le Supérieur,

« Nous ne pouvons pas donner les pouvoirs pour les
« ordinations de M. Paul Bichery et nous ne les donne-
« rons jamais.

« E. PETIT,
« Chanoine honoraire, secrétaire général.

Par les termes de cette lettre, l'on voit que tout le conseil de Son Éminence tient à assumer toute la responsabilité de ce refus.

Pourquoi, Éminentissime seigneur, pourquoi MM. les grands vicaires, MM. les archidiacres et secrétaires, pourquoi ce refus si hautain et si cru ? Pourquoi ?

Est-ce que ces hauts et puissants dignitaires de l'Église sont tenus à décliner les motifs de leurs décisions? Doivent-ils le moindre compte de leurs actes à un pauvre jeune homme du peuple? Avec ou sans motifs, n'ont-ils pas le pouvoir de lui imposer silence en l'écrasant du pied? Pourquoi nous repoussons et nous repousserons toujours votre demande? — jeune homme, vous ne le saurez pas, vous êtes trop curieux.

Hé bien! je vais vous le dire, Éminence, c'est mon droit. Vous ne donnez pas de motifs, parce que vous n'en avez pas. Ici, la forme emporte le fond. Si vous aviez eu un motif canonique valable, vous n'auriez pas manqué de l'alléguer. Vous le deviez par respect pour vous-même, afin que nul ne pût dire que l'archevêque de Paris avait agi sans raison, ou n'avait pas compris la gravité de son acte, ou bien, que, d'un cœur léger, sans réflexion, par pur caprice, il foulait aux pieds le droit et le devoir, il se jouait de l'honneur et de la vie des petits et des humbles, il se moquait de la justice et des saints canons de l'Église. Car enfin, j'avais un droit strict à vos lettres dimissoriales, Monseigneur, et vous, le devoir rigoureux de me les donner ou bien de faire connaître les raisons de votre refus. Tel que vous l'avez formulé, ce refus est un outrage pour le vénérable supérieur du séminaire d'Arras, qui l'a vivement senti; il est une calomnie contre moi. Non seulement vous me condamnez sans m'entendre, à la façon du saint office, mais, sans articuler aucun grief, vous les supposez tous.

Suis-je frappé de quelque irrégularité prévue par les saints canons? suis-je un incapable, un indigne, un infâme? Vous ne le dites pas, mais votre silence ouvre un champ libre à toutes les suppositions.

Si vous permettez, Éminence, raisonnons. Vous connaissez le traité des irrégularités que vous faites enseigner à vos jeunes lévites. Sont irréguliers, et doivent être écartés des saints ordres : les sujets qui sont aveugles, les sourds, les muets, les bossus, les boiteux, ceux qui portent une jambe de bois, les enfants illégitimes, les homicides, les adultères, les coupables de quelques graves immoralités, si ces immoralités sont publiques, suivant l'axiome : *Si non caste, saltem caute ;* car il suffit que les apparences soient sauvées ; ainsi le veut l'Église.

Sont irréguliers et ne peuvent être admis aux ordres, les hérétiques, les schismatiques, les sujets qui se sont mariés plusieurs fois, les fous, les épileptiques.

Sont irréguliers les sujets incapables de remplir les fonctions ecclésiastiques, par exemple de dire la messe, s'ils ne comprennent pas le latin ; d'administrer les sacrements, s'ils n'en comprennent pas la nature, les effets, la forme ou rite ; d'entendre les confessions, de prêcher, de catéchiser, s'ils ne possèdent pas les connaissances théologiques suffisantes ; en un mot les idiots ou les ignorants. Tels sont les cas d'irrégularité.

Dans quelle catégorie me rangez-vous, Éminence ? Je ne suis ni sourd, ni aveugle, ni boiteux, ni épileptique, ni muet. Mon acte de naissance prouve que je ne suis pas un bâtard. Je ne suis ni hérétique, ni schismatique, ni juif, ni musulman, ni sectateur de Boudha. Sans vanité, je puis dire que je ne suis pas un idiot ; je suis sain d'esprit et de corps. *Mens sana in corpore sano.* Je connais le latin puisque je le parle dans mes classes du séminaire et que j'ai fait mes études en latin. Mes aptitudes et mes capacités vous sont attestées par M. le supérieur du grand séminaire d'Arras. Rien n'y manque : « Piété, conduite, régularité, connaissances né- « cessaires pour rendre des services à l'Église. » Il est mon juge naturel ; il m'a vu et examiné ; les professeurs m'ont examiné, Mgr l'évêque d'Arras lui-même m'a examiné. Ils m'ont jugé digne d'entrer dans les ordres sacrés ; à cette fin, ils vous demandent vos lettres dimisssoriales. Ces lettres ne peuvent être refusées, pas plus qu'un acte de baptême ou un certificat de première communion. Non seulement vous les refusez avec hauteur, mais vous protestez « que vous ne les donnerez *jamais* ».

Jamais, Éminence? L'irrégularité qui me frappe est donc de celles dont l'Église ne relève ni ne dispense *jamais?* Quoi donc? suis-je un infâme, un criminel? Vous ne le dites pas, et, par là même, vous le sup-posez.

Votre silence est une calomnie. Cette conclusion est logique et n'a pu vous échapper.

Jamais! dites-vous? et pourtant, vous le savez, il est avec l'Église des accommodements. Dans le seul dio-cèse de Paris, je connais des prêtres bossus; M. Tire-fort, 2° aumônier de la Salpêtrière, ne me démentira pas plus que les personnes qui le connaissent, ce qui ne l'empêche pas d'avoir une très belle voix; M. Bal-thazar, du clergé de Saint-Philippe-du-Roule, est boi-teux; cette infirmité n'ôte rien à son beau talent de prédicateur.

Le père Hermann, ce zélé missionnaire, était juif, comme M. l'abbé Ratisbonne.

Mgr Dupanloup, quoique né d'un *père inconnu*, fut long-temps supérieur de Saint-Nicolas-du-Chardonnet, avant d'être l'évêque d'Orléans que nous savons. L'Église a levé pour eux toutes les irrégularités et leur a ouvert les portes du sanctuaire. Quant à la pureté des mœurs, l'Église n'en dispense pas, quand il y a scandale pu-blic. Toutefois, les faits malheureux que l'on découvre tous les jours parlent assez haut. Je pourrais citer des noms, mais vous en connaissez plus que moi, Éminence, et cependant, sous les yeux du public qui les connaît aussi, ces prêtres continuent à exercer toutes les fonc-tions sacerdotales; ils montent à l'autel, ils prêchent, ils administrent les sacrements sans avoir à craindre vos interdits.

Oh! je ne doute pas, Éminence, qu'ils n'aient reçu les paternelles admonestations de leurs supérieurs, et que, à l'avenir ils ne s'étudient avec plus de soin à sauver les apparences. *Si non caste, saltem caute.* (Si vous n'êtes chastes, soyez au moins prudents).

Vous savez bien, Éminence, que vous ne pouvez me ranger dans la honteuse catégorie de ces hommes néfastes. Vous avez pour garantie de ma moralité le témoignage unanime de mes supérieurs, Non, mille fois non, Éminence, vous ne pouvez pas me refuser mes lettres dimissoriales, pour cause d'immoralité ou de scandale. Je défie qui que ce soit d'oser articuler contre moi une pareille accusation et vous, Monseigneur, de la reproduire. Pourquoi donc votre silence la laisse-t-il planer sur ma tête ?

II

L'archevêque persista dans son refus, obstinément, sans vouloir rien entendre. Vainement je le fis supplier, à plusieurs reprises ; vainement je m'adressai tour à tour, de vive voix et par lettres respectueuses, à chacun de MM. les archidiacres et les vicaires-généraux. Ils me renvoyaient de l'un à l'autre avec de mielleuses paroles, sans me donner jamais une réponse définitive. Je compris que leur but était de me lasser et de pousser à bout ma persévérance.

J'étais brisé de douleur, mes nuits se passaient dans l'insomnie, ma santé s'altérait et ma pauvre mère se désolait. Mon père était mort pendant le siège. L'amour de ma vocation me soutint ; je persistai à porter l'habit ecclésiastique et je ne renonçai pas à l'espoir d'obtenir un jour, de l'archevêque, les lettres dimissoriales qu'il me refusait sans raison ; mais je ne pus rentrer sans elles au grand séminaire d'Arras.

Ému de ma situation et de mon chagrin, M. l'abbé Bossuet, curé de Saint-Louis-en-l'Ile, qui me portait un tendre intérêt, m'engagea à l'accompagner à l'archevêché : il voulait faire une démarche en ma faveur. C'était le 18 décembre 1872. Nous vîmes M. l'abbé Langénieux, actuellement archevêque de Reims et M. d'Hulst, vice-promoteur, membres l'un et l'autre du conseil archiépiscopal. M. Langénieux me répéta, en m'embrassant, ce que déjà, la veille, m'avait dit M. Jourdan, autre vicaire général, aujourd'hui évêque de Tarbes :

« Soyez tranquille, votre affaire a été embrouillée au « conseil par M. Icard (supérieur du séminaire de Saint-« Sulpice) qui avait *des données* sur vous; nous allons « tout réparer au prochain conseil ». Remarquons en passant, que le conseil se tient deux fois par semaine. Or ce ne fut qu'au bout d'un mois que l'on me fit tenir la réponse que l'on verra. M. l'abbé d'Hulst me tint un langage tout aussi encourageant.

J'allais donc pouvoir rentrer dans mon cher séminaire d'Arras et être admis aux ordres sacrés. Ma joie était grande. Hélas! une affreuse déception m'était réservée encore.

Un mois après, M. l'abbé Bossuet recevait de l'archevêché la lettre suivante :

ARCHEVÉCHÉ DE PARIS

« Paris, le 8 janvier 1873.

« Monsieur le Curé,

« J'ai présenté de nouveau à Monseigneur et au con-« seil l'affaire de M. Bichery, j'ai le regret de vous dire, « qu'il n'y a aucun espoir d'obtenir pour ce jeune « homme ni son admission à Saint-Sulpice, ni lettres

« dimissoriales pour un autre séminaire. Sa santé, sa
« faiblesse au point de vue des études, et les notes
« qu'on a recueillies sur lui ne permettent pas de passer
« outre. »

« Je regrette de n'avoir pas un meilleur message à
« vous transmettre et je vous prie d'agréer l'assurance
« de mon respectueux dévouement.

« D'HULST,
« Prêtre. »

Le 10 janvier, j'allai voir M. d'Hulst et je le priai de
me donner, non plus des lettres dimissoriales, mais des
lettres d'excorporation. Avec ces lettres, je pouvais me
présenter à un autre évêque et me faire incorporer dans
son diocèse et dans son clergé. Je voulais fuir loin de
Paris, quitter mon diocèse natal où j'étais si mal traité,
plutôt que de renoncer à ma vocation.

Il me fut répondu par M. d'Hulst : «Monsieur l'abbé,
sans M. Icard, votre affaire serait allée toute seule,
pour vous comme pour tout le monde, mais, à cause DES
DONNÉES qu'il a sur vous, vous n'aurez pas vos lettres
dimissoriales, et, de plus, je vous le dis bien franchement, vous n'entrerez jamais dans les ordres sacrés, pas
plus dans un séminaire que dans une communauté religieuse quelconque. Supposé même que nous vous don-
nions des lettres d'excorporation, nous écrirons à votre
insu, pour nous opposer à votre ordination. »

Suffoqué par une pareille réponse, je me retirai,
littéralement muet.

Et quelques jours avant, l'on m'embrassait !

Il y avait de quoi perdre la tête ou la foi.

Je sentais mon cœur se tordre de douleur. Et ma
mère, ma pauvre mère ! Non, je ne pourrais jamais
dire quelles furent ses tortures morales ! Ce fils qu'elle
aimait tant, pour lequel elle avait tout sacrifié, l'espoir

de ses vieux jours, elle le voyait rebuté, bafoué, chassé du sanctuaire ; elle voyait mes forces diminuer et ma santé dépérir rapidement. Nous pleurions ensemble, sans pouvoir nous consoler. Mon bon supérieur d'Arras, mes maîtres, mes condisciples étaient désolés ; les bons prêtres qui me connaissaient, M. Bossuet, curé de Saint-Louis-en-l'Ile, M. Parguel, curé de Notre-Dame-de-la-Gare, de sainte mémoire, M. Mugnier, curé de Saint-Marcel, M. Dubourg, aumônier de Sainte-Anne, et je pourrais en citer plusieurs autres, tous mes nombreux amis, prenaient part à mon chagrin et priaient pour moi. On ne comprenait rien, on ne pouvait rien comprendre aux procédés de l'archevêque de Paris.

Malgré la menace de M. d'Hulst et son affirmation que je ne serais reçu dans aucun diocèse étranger ou dans une communauté religieuse quelconque, et que l'archevêché écrirait pour s'opposer à mon ordination, je résolus d'en faire l'essai. Mon supérieur d'Arras, que je tenais au courant de tout, m'avait écrit que je pouvais essayer, si je le voulais, de me présenter chez les prêtres de la communauté de saint Vincent-de-Paul, à Vaugirard, qui peut-être, consentiraient à me recevoir ; que j'y étais connu et qu'il connaissait lui-même le supérieur de la maison. Je m'y présentai le 11 janvier. « Je ne puis pas vous recevoir, me dit le supérieur, sur le renvoi de votre diocèse natal, vous le comprenez. Cependant je connais l'évêque d'Arras, Mgr Lequette ; c'est lui qui m'a donné la prêtrise ; je connais M. Portenart, supérieur du grand séminaire, qui vous porte un vif intérêt, je vous accepterai, pourvu toutefois que l'archevêché de Paris ne dise rien de trop grave qui puisse s'opposer à votre ordination. »

Je lui répondis : « J'ignore absolument ce que l'archevêché peut alléguer contre moi, attendu qu'il a toujours refusé de me le dire. » Je lui rapportai franchement quelle réponse et quelle menace m'avaient été faites la veille par M. l'abbé d'Hulst, et je le suppliai de vouloir bien passer à l'archevêché pour savoir quelle irrégularité me frappait. Il s'y rendit le jour même, et deux jours après, je recevais la réponse suivante :

« Vaugirard, 12 janvier 1873.

« Cher Monsieur,

« Les quelques mots que j'ai eu le temps d'échanger
« hier au soir à l'archevêché, au sujet de votre avenir,
« m'ont donné lieu de regarder comme à peu près
« insurmontable la difficulté qui s'oppose à votre ad-
« mission aux ordres. Ceci étant, la forme un peu arduc
« des études scolastiques que vous auriez à suivre chez
« nous étant un obstacle fort sérieux qui vient s'ajouter
« au principal, je crois devoir charitablement vous
« conseiller de ne pas poursuivre votre projet. Nous ne
« serions pas ici en mesure de vous aider à le réaliser.
« Que, si de plus amples réflexions vous faisaient
« pencher plus tard vers l'essai de la vie des œuvres
« sous l'habit laïque, nous ne refuserions pas de vous
« accorder d'en faire l'essai parmi nous.
« Veuillez croire, monsieur, à l'intérêt religieux que
« je porte à votre chère âme. Votre dévoué serviteur
« en Notre Seigneur.

« R^d de VARAX,
« Prêtre. »

Je ne me laissai point abattre par ce nouvel obstacle ; après trois nuits passées sans sommeil et trois journées d'angoisses, j'allai revoir M. l'abbé d'Hulst, à l'arche-vêché de Paris, et je le priai de me dire enfin pour quelle irrégularité je ne serais jamais prêtre. Il me ré-pondit jusqu'à trois fois, coup sur coup : « Je n'ai jamais dit cela.» Je lui dis : «Je vous demande pardon, monsieur, vous me l'avez dit. — « Tâchez d'être poli, monsieur », me répliqua-t-il, en se redressant sur son fauteuil, « encore une fois, je n'ai pas dit cela. » — « Monsieur, lui dis-je, je crois avoir été poli envers vous, mais vous m'avez si bien dit : — Vous n'entrerez jamais dans les ordres sacrés, — que, ce matin, une lettre de Vaugirard est venue me confirmer votre parole. » J'ajoutai : « Il y a dans tout cela, monsieur, un mauvais prêtre bien connu. C'est lui qui, par l'intermédiaire de M. Icard, me fait tant de mal. Ce prêtre, c'est M. C.... Pourquoi me poursuit-il avec tant de fureur ? Quel mal lui ai-je fait ? Ni ma famille ni moi, ne lui avons jamais été hostiles. Au contraire, jamais nous n'avons ouvert la bouche sur son compte, auprès de qui que ce soit. Cet homme ne vit que pour faire du mal ; vous le connaissez bien, monsieur, et je ne vous apprends rien. »

Alors M. d'Hulst me répondit : « Il ne faut pas le dire... » — « Mais, monsieur, lui répliquai-je, quand on me demandera pourquoi je ne suis pas prêtre, que voulez-vous donc que je réponde ? » — « Vous direz que... que... vous n'avez pas la vocation. » — « Monsieur, ce serait mentir ; puisque les seules juges de ma vocation, mes supérieurs du grand séminaire d'Arras, demandent à m'ordonner, c'est que j'ai la vocation. » Je sortis le cœur navré.

« Mon Dieu ! mon Dieu ! Je ne pourrai donc obtenir mes lettres dimissoriales, ni mon excorporation ! qu'on me dise, au moins, pourquoi on me les refuse ! »

Le même jour, d'après l'avis de ma mère désolée, j'écrivis au cardinal Guibert et le suppliai respectueusement de me faire connaître pour quelle irrégularité ou pour quel motif il croyait ne pouvoir pas me donner les lettres que je sollicitais, ou bien de m'interdire le port de l'habit ecclésiastique, s'il m'en jugeait indigne. Pas de réponse...

J'écrivis en même temps à son premier grand vicaire, M. Langénieux, dans le même sens. Même silence. Je lui écrivis une deuxième fois. Même mutisme.

Évidemment on voulait me tenir dans l'impossibilité de me défendre. O charité! O justice!

Ils se sentaient forts de ma faiblesse, cela suffisait ; ils prouvaient ainsi qu'ils étaient les maîtres dans l'Église.

M. le docteur Trélat, si plein de charité, voulut bien envoyer à l'archevêché le certificat suivant :

« Je, soussigné, médecin des hôpitaux, certifie que, appelé pour donner mes conseils à M. Bichery, je l'ai trouvé couché, affaibli, amaigri, se plaignant de ne pouvoir dormir, attribuant son insomnie, l'absence d'appétit et l'état de débilité dans lequel il est tombé aux grandes inquiétudes qui le tourmentent depuis qu'il ne peut, malgré ses demandes réitérées, obtenir les autorisations sur lesquelles il était en droit de compter. La persistance des idées tristes qui tourmentent ce jeune homme pourrait avoir de fâcheuses conséquences. Il est très désirable qu'on les fasse cesser. »

« Paris, le 20 avril 1873.

« TRÉLAT. »

Pas de réponse !

III

Enfin, le 26 avril, une personne qui me portait le plus vif intérêt, touchée de voir mes forces et ma santé dévorées par le chagrin, se transporta à l'archevêché et insista tellement auprès de M. Langénieux, qu'elle parvint à soulever un coin du voile qui cachait le grand mystère. « Monsieur, lui dit enfin M. Langénieux, *une seule chose* nous empêche de donner à M. Bichery des lettres dimissoriales, *c'est qu'il a été renvoyé de tous les petits séminaires.* »

Comment, monsieur, c'est parce que j'aurais été renvoyé des petits séminaires, que vous me refusez vos lettres dimissoriales? Sérieusement, serait-ce là une irrégularité ? Dans quelle théologie, dans quel manue de droit canon avez-vous fait cette découverte ?

Comment, Éminence, vous dites que j'ai été renvoyé d'un petit séminaire, de tous les petits séminaires où j'ai étudié? Sur quelles preuves établissez-vous cette accusation? Avez-vous pris des informations? Avez-vous fait une enquête? M'avez-vous entendu, interrogé ?

Non, Éminentissime seigneur ! Ni vous ni votre conseil archiépiscopal n'avez rien fait de tout cela. Dans une affaire si grave, votre conduite a été fort légère. J'ai le droit de vous le dire, Éminence, car j'ai failli payer de ma vie, la légèreté de votre décision et ma pauvre mère l'a payée de la sienne. Où donc avez-vous puisé vos renseignements? S'il faut s'en rapporter au témoignage de messieurs vos grands vicaires, c'est M. Icard, supérieur du séminaire de Saint-Sulpice, qui les a fournis au conseil de l'archevêché. On se souvient des paroles de M. d'Hulst : « Sans M. Icard qui a des *données sur vous,* me disait-il le 10 janvier 1873, votre affaire serait allée toute seule, comme pour tout le monde. Mais, à cause des *données qu'il a sur vous,* nous ne vous donnerons jamais des lettres dimissoriales. »

Certes, M. Icard, supérieur du séminaire de Saint-Sulpice, membre du conseil archiépiscopal, vicaire général de Paris, est un haut personnage dans l'Église. En homme sage et prudent, il a dû s'entourer de preuves et les produire au conseil. Erreur... M. Icard n'avait que des « données » en l'air, et il les a alléguées, et elles ont suffi ; sur ces « données », le conseil archiépiscopal n'a pas hésité, il foulait aux pieds mon droit le plus sacré, il me brisait impitoyablement.

Des preuves, messieurs, des preuves... Dans ces hautes régions ecclésiastiques, a-t-on besoin de preuves? N'ont-ils pas la puissance? « La preuve, jeune homme, c'est que vous n'aurez pas vos lettres dimissoriales, ni vos lettres d'excorporation et que, *jamais*, entendez-vous, *jamais* vous ne serez ordonné nulle part, ni dans un diocèse étranger, ni dans une communauté religieuse quelconque; la preuve, c'est que nous écrirons partout où vous irez, afin de nous opposer à votre ordination. Nous sommes l'autorité, et tel est notre bon plaisir. »

Voilà leurs preuves. Ils se sont bien gardés de me demander les miennes. Ces preuves, dont j'ai les mains pleines, établissent que je n'ai été renvoyé d'aucun séminaire.

Les voici :

1° Je n'ai pas été renvoyé du petit séminaire de Saint-Nicolas-du-Chardonnet, la lettre suivante le constate :

PETIT SÉMINAIRE DE SAINT-NICOLAS

« Paris, le 27 avril 1873.

« J'ai peu connu l'élève Paul Bichery, trois ou quatre mois seulement en l'année 1869; il était alors en troisième : sa conduite était bonne. Il n'était qu'externe, à cause de sa débile santé ; à cette époque, je supprimai par mesure générale l'externat du petit séminaire, et je lui ai conseillé de prendre des répétitions particulières.

« HAUTIN,
* Chanoine honoraire, supérieur. »

D'ailleurs, si j'avais été renvoyé de Saint-Nicolas, m'aurait-on reçu à Issy? Évidemment non.

2° Je n'ai pas été renvoyé du séminaire d'Issy ; M. Maréchal, supérieur de cet établissement ne m'aurait pas écrit la lettre suivante :

« Issy, 29 avril 1869,

« Mon bien cher ami,

« Je suis en possession de deux lettres de vous, auxquelles vous me permettrez de répondre par une seule. Je suis ravi que l'amélioration de votre santé soit sensible et rapide et j'en remercie le bon Dieu. Mais, ne vous hâtez pas trop de chanter victoire ; ce n'est pas une simple convalescence que vous êtes allé chercher si loin, c'est une rénovation aussi complète que possible de votre tempérament compromis par la croissance ; il faut être patient et non pas si pressé. Profitez bien, à tous les points de vue, de l'honneur et du bonheur que vous avez d'habiter chez un saint prêtre ; gagnez, s'il se peut, pour l'âme encore plus que pour le corps ; et, si l'étude vous demeure encore interdite, et même pour longtemps, livrez-vous de cœur et d'effet à toutes les bonnes œuvres qui vous sont accessibles et compatibles avec votre position. Je joins ici un patron du mois, selon l'usage du séminaire et je vous bénis de tout mon cœur.   « E. MARÉCHAL. »

Si j'eusse été renvoyé d'Issy, m'eût-on admis à Versailles ? Non, encore un coup.

3° Je n'ai pas été renvoyé du séminaire de Versailles où j'ai fait ma philosophie. Les lettres suivantes le prouvent :

ÉVÊCHÉ DE VERSAILLES

« Versailles, le 6 janvier 1872.

« Cher monsieur,

« Je vous remercie des vœux que vous m'avez adressés à l'occasion du premier jour de l'an. Je vous souhaite de tout cœur une santé meilleure, et je prie Dieu qu'il vous accorde la grâce de devenir bientôt un bon prêtre.

« J'espère que vous avez de bonnes nouvelles de madame votre mère. Elle a bien voulu penser à moi en m'envoyant sa carte, j'ai été très touché de ce souvenir.

« Tout à vous,

« ARDIN,

« Chanoine honoraire, secrétaire général (1). »

« Séminaire de Versailles, le 30 janvier 1872.

« Mon cher enfant,

« Je viens, quoique tard, vous remercier de votre bonne lettre de fin d'année et des sentiments qu'elle exprime pour moi et pour nos pères qui vous sont bien reconnaissants de votre souvenir. Agréez, en retour, les vœux sincères que je forme pour votre progrès continuel dans la science ecclésiastique et la piété cléricale qui doivent vous conduire au terme auquel vous aspirez.

« Dans la confiance qu'il plaira au bon Dieu de bénir vos efforts, je vous prie d'agréer, mon cher enfant, l'assurance de mon affectueux dévouement en Notre-Seigneur.

« MONTITON,

« Supérieur. »

« P.-S. Si vous avez l'occasion de voir M. de Taffin, curé de Saint-Nicolas, à Arras, présentez-lui mes affectueux hommages. »

Je n'ai pu être renvoyé d'un autre séminaire, par la raison que je n'y suis jamais entré. Quant au temps qui s'est écoulé depuis ma sortie de Saint-Nicolas-du-

____
(1) Actuellement évêque d'Oran.

Chardonnet jusqu'à mon entrée à Issy, le certificat suivant dit assez que je n'ai pas démérité :

ASILE DE SAINTE-ANNE

Rue Ferrus, à Paris.

« Je certifie que l'élève Paul Bichery a été sous mes yeux, depuis l'âge de dix ans, pendant les années où il a suivi, en qualité d'externe, les cours du petit séminaire Saint-Nicolas et la dernière année où il vient de faire sa rhétorique, sous la direction de M. l'abbé Chaumont ; et que, pendant tout ce temps, il a pris part au service du culte dans les deux églises de la Salpêtrière et de Sainte-Anne, auxquelles j'ai été successivement attaché en qualité d'aumônier ; qu'il a toujours été, non seulement d'une conduite irréprochable, mais noté par tout le monde comme un jeune homme grave, d'une piété vraie et solide, doué de tout un ensemble de qualités qui, aux yeux de tous, ont toujours paru la marque assurée d'une vocation ecclésiastique. C'est donc avec la plus parfaite connaissance du jeune homme que je puis le recommander à la bienveillance de ses supérieurs.

« A. DUBOURG,
« Aumônier de Sainte-Anne. »

Je m'empressai d'envoyer à l'archevêché ces documents et d'autres encore. Je les accompagnai d'une lettre à M. Langénieux, en date du 30 avril. Je le suppliai, avec les plus vives instances, d'y jeter les yeux et de se convaincre que je n'ai jamais été renvoyé d'aucun petit séminaire, et de ne plus s'opposer à ma vocation au sacerdoce ; je lui dis qu'en le priant de me donner des lettres dimissoriales, je ne faisais que réclamer un droit rigoureux ; qu'il reconnaissait implicitement ce droit, en ne m'interdisant pas l'habit ecclésiastique ; que, en reconnaissant son erreur et en revenant sur sa décision, le conseil de l'archevêché s'honorerait par un acte de justice et mettrait fin à mes intolérables angoisses.

Je ne reçus aucune réponse.

Le 17 mai, un de mes amis alla s'informer auprès de M. Langénieux si enfin l'archevêque me donnerait mes lettres dimissoriales : « Je ne sais rien à ce sujet, répondit M. Langénieux ; tout ce que je puis vous dire, c'est que j'ai reçu la lettre de M. l'abbé Bichery, datée du 30 avril et les pièces qui l'accompagnaient ; quant à la décision du conseil, je ne la connais pas ; c'est M. Jourdan qui est chargé de ce qui concerne les séminaristes. Voyez toutefois M. Caron, promoteur, il pourra peut être vous renseigner. »

De Caïphe à Pilate !

Mon ami alla voir M. Caron qui, après avoir consulté son carnet, lui dit : « Je ne vois rien qui concerne M. Bichery. Allez voir M. Jourdan, c'est lui que cela regarde. »

De Pilate à Hérode !

Le même jour, 17 mai, je me rendis moi-même chez M. Jourdan, et lui demandai si on me donnerait enfin les lettres que je sollicitais depuis huit mois.

« Je ne sais pas ce que cela veut dire, me répondit le vicaire général Jourdan ; » puis, me passant en revue des pieds à la tête : « Ah! me dit-il, comme vous êtes changé ! Soignez-vous bien ! Mangez-bien ! Dormez-bien ! Vous ne vous figurez pas quelle peine j'éprouve à vous voir ainsi amaigri ! Un jeune homme si doux ! Tenez, je n'ose pas vous dire tout ce que j'ai fait pour vous, j'aurais peur que vous ne le répétiez. Ce que je vous dis n'est pas de l'eau bénite de cour, soyez-en bien persuadé, (en effet, c'était comme à la cour d'Hérode, de la dérision), je suis plus peiné que vous, mon cher ami. »

Tel fut, pendant un quart d'heure environ, le langage plein de douceur de M. l'archidiacre Jourdan. Puis il ajouta : « ON A CONCLU, c'est vrai, que vous n'avez été renvoyé d'aucun petit séminaire ; il n'y a qu'*une seule chose* qui nous empêche de vous donner vos lettres dimissoriales : c'est que *vous n'êtes pas capable pour Paris.* »

On comprend qu'il ne m'a pas été difficile de soutenir cette conversation bienveillante, ni de réfuter cette nouvelle et puérile objection.

IV

Je ne suis pas capable pour Paris !

Telle est la *seconde* UNIQUE raison que m'oppose l'archevêché de Paris et pour laquelle il ne me donnera JAMAIS des lettres dimissoriales.

Cette raison est encore une *donnée* produite au conseil archiépiscopal par le grave M. Icard. Et ni vous, ni votre conseil, Éminentissime seigneur, ne vous êtes demandé si cette donnée nouvelle n'était pas une erreur nouvelle, et si M. Icard qui, malgré son âge et son expérience, vous a fait commettre une première bévue, ne vous induisait point dans une seconde ?

Ni vous ni votre conseil n'avez compris tout ce que renferme de puéril une pareille fin de non recevoir : *Vous n'êtes pas capable pour Paris !* Me voilà pourtant obligé de réfuter sérieusement un prétexte ridicule.

Suis-je capable de recevoir les ordres sacrés ? Toute la question est là. Si oui, qu'on me donne mes lettres dimissoriales. Si non, qu'on me le dise franchement. Mais on ne pouvait pas me dire non, d'abord parce qu'on ne connaît pas à l'archevêché la mesure de mes capacités ; parce que M. Icard, qui me déclare incapable, ne m'a jamais ni vu ni connu ; parce qu'enfin et surtout, M. Portenart, grand vicaire d'Arras et supérieur du grand séminaire, seul juge compétent et légitime de ma capacité, déclarait par un acte authentique que : « M. Paul Bichery, outre une vraie vocation et solide piété, la régularité de vie, l'assiduité au travail, réunissait toutes les qualités qui font les bons prêtres, toutes les connaissances nécessaires pour rendre de vrais services à l'Église. » Il me connaissait à fond ; il m'avait examiné et surveillé toute une année, il m'appelait aux ordres sacrés.

Devant cette affirmation solennelle de ma capacité donnée par mon juge naturel, il n'y avait pas moyen de déclarer que j'étais incapable d'être prêtre : c'eût été un outrageant démenti jeté à la face de l'évêque d'Arras et de son vicaire général.

L'archevêque Guibert tourne la difficulté et déclare, non plus que je suis *incapable* d'être ordonné prêtre, mais *incapable* POUR PARIS. Capable d'être prêtre à Arras, c'est possible, mais *pour Paris*, certes *non*.

Mais, Monseigneur, si ce n'est qu'à Paris que je suis incapable d'être prêtre, que ne me donnez-vous des lettres pour Arras ? Pourquoi ce refus obstiné de me délivrer des lettres d'excorporation ? Pourquoi cette menace d'écrire partout, afin de vous opposer à mon ordination ? Pourquoi cette déclaration cruelle que JAMAIS je ne serai prêtre, ni dans un diocèse étranger, ni dans une communauté religieuse quelconque ? Quel motif donnerez-vous à un évêque étranger qui me recevrait, pour vous opposer à mon ordination ? Que je suis *incapable pour Paris ?*

Mais on rira, Monseigneur, on se demandera si, pour dire la messe à Paris, il faut une autre capacité que pour la dire ailleurs. Si pour catéchiser les enfants du peuple, pour administrer les sacrements, pour assister, consoler, encourager les pauvres et les malades, il faut être bien plus capable à Paris que n'importe où.

Je n'ignore pas, Éminence, que pour prêcher avec éclat devant les grands auditoires de la Madeleine ou du faubourg Saint-Germain, il faut des capacités que je n'ai pas; parmi les premiers sujets de votre clergé, de vos grands vicaires eux-mêmes, en est-il beaucoup qui puissent affronter ces grandes chaires? Et vous-même, Éminence, malgré votre immense talent, oseriez-vous aborder la chaire de Notre-Dame?

Combien de prêtres de Paris, même parmi vos curés du faubourg Saint-Germain, seraient incapables de prêcher dans une cathédrale de province? Combien y en a-t-il qui ne prêchent pas parce qu'ils ne le peuvent pas et dont tout le ministère se borne à assister aux offices, à accompagner les morts à leur dernière demeure, à dire des messes de mariage ou d'enterrement? Mon ambition ne va pas au delà de ces pieuses fonctions et je m'estimerais heureux de m'y dévouer.

Mais laissons le sentiment et raisonnons, s'il vous plaît, Éminence. Vous pouvez m'interdire la chaire et le confessionnal, *si je suis incapable;* vous ne pouvez m'interdire l'autel que si *je suis indigne.* Là s'arrête votre droit, vous le savez bien. Vous ne pouvez donc pas vous opposer à mon ordination sous le prétexte que je suis *incapable,* ce serait un acte de tyrannie, une violation de mon droit et des lois de l'Église. Je veux être prêtre, c'est mon droit; vous ne m'en jugez pas indigne, puisque vous ne m'interdisez pas l'habit ecclésiastique. Donc, vous me devez mes lettres ou vous commettez un abus de pouvoir.

Quant à la *capacité*, raisonnons encore, ne vous en déplaise.

Puisque, après une seule année de théologie, on me déclare capable de rendre de vrais services à l'Église, n'est-il pas à croire qu'à la fin de mon cours, je le serai plus encore? N'est-il pas à croire que je ne serai pas comme M. l'abbé Hédou, votre vicaire de Gentilly, obligé de rester sept ans sur les bancs du grand séminaire, pour devenir capable de remplir, comme un autre, les fonctions du saint ministère ; à savoir, d'enseigner la doctrine chrétienne, d'expliquer l'Évangile, d'administrer les sacrements, *même à Paris*, Éminence?

Je dis : *même à Paris*, car enfin, avez-vous, à Paris, une autre doctrine, d'autres sacrements, une autre morale, un autre Évangile? L'Église est une, dans sa doctrine, dans son enseignement. *Une foi, un baptême.*

Votre Église de Paris est-elle une autre Église? une Église supérieure? Non, n'est-ce pas? Vous vous faites gloire d'appartenir à l'Église universelle. Or, dans l'Église, dit Saint-Paul, tous ne sont pas prophètes, tous ne sont pas apôtres, tous ne sont pas des foudres d'éloquence ; mais tous, à divers degrés, peuvent être utiles aux âmes et faire le bien (MÊME A PARIS) chacun dans sa sphère et suivant les dons qu'il a reçus. Éminence, qu'en pensez-vous?

V.

Si puéril, si ridicule même que fut le prétexte qu'on vient de voir, l'archevêché ne voulut pas en démordre. On ne pouvait contrôler son dire ; il s'y tint ferme. Tous les moyens furent employés ; je ne cessai pas de supplier, de vive voix et par écrit.

Je m'adressai, tour à tour, à Monseigneur, à chacun de ses vicaires généraux, de ses archidiacres, de ses conseillers, de ses secrétaires. Ces messieurs me renvoyaient de l'un à l'autre, honteux quelquefois de l'injustice qu'ils commettaient, cherchant vainement à la voiler à mes yeux, avouant même qu'au fond, ils ne pouvaient pas me refuser ce que je demandais avec tant d'instances. Je me sentais souvent comme écrasé, broyé sous le poids de mon immense douleur. J'allais, dans ces cas, répandre l'amertume de mon cœur et mes larmes amères dans le sein du vénérable abbé Bossuet, ou de M. le curé de Saint-Marcel, ma paroisse. L'un et l'autre de ces saints prêtres me connaissaient depuis mon enfance et me portaient une tendresse vraiment paternelle. Ils me consolaient, ils relevaient mon courage et me fortifiaient de leurs conseils : « Confiance, confiance, me disaient-ils, il n'est pas possible qu'on vous repousse plus longtemps. »

Plusieurs fois, ils voulurent bien insister en ma faveur par des lettres pressantes et par des visites à l'archevêché. Tantôt ils m'apportaient l'espoir, tantôt la crainte et l'anxiété. Je passais tour à tour de l'un à l'autre de ces sentiments extrêmes. Je voyais avec chagrin le temps s'écouler, ma jeunesse se perdre, ma santé dépérir dans une lutte stérile. Je redoublais de prière et de ferveur. Je retrempais ma foi dans la méditation des souffrances de Jésus-Christ, mon divin maître, et des grandes vérités de la religion, et je cherchais un adoucissement à mes peines dans l'étude assidue de la théologie.

Ma pauvre mère désolée, me disait quelquefois : « Mon fils, à ta place, comme j'enverrais promener tous ces gens-là ! » Mais, j'étais épris de ma vocation. Mes inclinations et mes goûts, mon esprit et mon cœur :

tout m'entraînait avec une force irrésistible vers ce but unique...

Mes espérances se fortifiaient aussi de toutes les marques de sympathie qui m'étaient prodiguées, de tous les blâmes que l'on ne craignait pas de jeter ouvertement sur l'inqualifiable procédé de l'archevêque de Paris. De toutes parts, on me disait : « Courage, Dieu bénira votre persévérance. Il est impossible qu'on vous refuse longtemps encore vos lettres dimissoriales. » Des lettres dans ce sens me sont venues de tous les côtés ; d'Arras, de Carcassonne, de Versailles, plusieurs de Paris, toutes signées par des vicaires généraux, des directeurs de grands séminaires, des supérieurs d'ordres réguliers.

Me plaindre et compatir à mes angoisses, c'est tout ce qu'ils pouvaient pour moi. Ils ne pouvaient agir directement ni indirectement auprès de l'archevêque de Paris qui, j'en conviens, était seul maître absolu de ses décisions. Seul, il tenait dans ses mains les destinées de ma vie.

Le 11 juin 1873, ma mère, de guerre lasse, scandalisée, irritée des humiliations qui m'étaient infligées, crut pouvoir intervenir. Elle alla voir M. Jourdan, vicaire général, bien résolue à lui dire toute sa pensée. Elle avait compris, ce que tout le monde savait, du reste, à la Salpêtrière et au dehors, que toute cette opposition avait pour auteur un ennemi personnel et acharné qui, se glissant dans l'ombre, comme un serpent sous l'herbe, avait su charmer M. Icard et lui avait fourni avec son venin, ses fameuses *données* contre moi. Qui ne sait, dans un certain monde, que M. Icard, supérieur de Saint-Sulpice, est le protecteur-né de M. C...; qu'il subit aveuglément les impulsions de ce fils..... en J.-C., et qu'il en épouse les sentiments et les préventions? Qui ne sait qu'à l'archevêché,

M. Icard fait la pluie et le beau temps? Ma bonne mère n'ignorait rien de tout cela et, peu faite à la diplomatie de cour, elle parla ouvertement. Voici la conversation qui eut lieu, telle que je l'ai écrite, le jour même, d'après le rapport qu'elle m'en fit.

Ma mère : « — Je vous prie, Monsieur, de me dire quelle irrégularité frappe mon fils.

M. Jourdan : « — Il n'y a rien, Madame.

Ma mère : «—Eh bien, alors, donnez les lettres dimissoriales! Quoi! faut-il, Monsieur, l'archidiacre, que pour un misérable prêtre, un... un... un..., un prêtre immoral, M. l'abbé C..., vous fassiez mourir mon fils petit à petit? Tantôt, c'est l'espoir que vous lui mettez dans l'âme, et tantôt, quand vous le voyez quelques jours heureux, vous lui dites qu'il n'y a plus d'espoir. Vous versez sans cesse, goutte à goutte, sur son cœur, du baume et du fiel, du fiel et du baume. Vous êtes cause que mon enfant a maintenant des palpitations. Mais c'est épouvantable, monsieur... Pour l'amour de Dieu, donnez-lui ses lettres dimissoriales, c'est son droit. Quel mal vous a donc fait mon fils?

« — Mais rien, Madame; M. votre fils est très comme il faut, très doux... *mais il n'est pas* CAPABLE POUR PARIS.

« —Pouvez-vous, Monsieur l'archidiacre, me parler de capacité quand on est à la Salpêtrière, où l'on voit des prêtres qui ne savent même pas donner la sainte communion. » -(On peut entendre, quand on voudra, M. l'abbé Nugeyre, 3me aumônier de la Salpêtrière, donnant la sainte hostie aux communiants, dire à haute voix : *Corpus mingi.*) Du moment, cependant, qu'on les accepte à Paris, c'est qu'on les a jugés capables pour Paris. — Et puis, est-ce que l'Église n'est pas partout la même?

« — C'est vrai, Madame.

« — Eh bien, alors, qu'avez-vous à dire, Monsieur l'archidiacre ? Je sais que Mgr l'archevêque fait tout ce que vous lui dites de faire; cela se comprend. Je vais néanmoins le voir en sortant de chez vous.

« — Madame, ce n'est pas la peine. Je vous promets d'en reparler au prochain conseil. »

Et ma mère prit congé de l'archidiacre en lui disant qu'elle ne laisserait pas la chose là.

Le même jour, pour le même objet, ma mère vit également M. l'archidiacre Langénieux. Il lui protesta tout d'abord qu'il avait été très bienveillant pour moi.

« — Vous en dites tous autant, Monsieur l'archidiacre. Vous n'avez rien à reprocher à mon fils, car, sans cela, vous lui auriez déjà dit cent fois pour une de quitter la soutane.

« — Madame, votre fils est un jeune homme très bien; mais *il n'est pas* CAPABLE POUR PARIS.

« — Monsieur l'archidiacre, la religion n'est donc pas partout la même?

« — Mais si, Madame.

« — Eh bien, alors! Et tous vos prêtres qui sont à Paris, d'où viennent-ils? De la province. Vous n'avez seulement pas de grand séminaire à vous appartenant, tellement vous avez peu de Parisiens qui se destinent à la prêtrise. D'ailleurs, le grand séminaire se fait où l'on veut. Vous avez des Parisiens qui, pour des raisons de santé ou autres, font leur grand séminaire à Versailles, à Poitiers, n'importe où. Et quand leurs supérieurs vous demandent des lettres dimissoriales, vous les envoyez poste pour poste, comme cela se fait partout. Si mon fils avait suivi mes conseils, il y a longtemps qu'il aurait envoyé tout promener.

« — Nous le savons, Madame.

« — Quoi, Monsieur l'archidiacre, faut-il que pour un

malheureux, un... un... un hypocrite, ce C..., vous fassiez tant de mal à mon enfant! Ce... prêtre est venu jusqu'à trois fois me demander mon fils. Toujours je lui ai refusé, toutefois poliment, et j'en suis heureuse : il l'aurait mêlé à toutes ses affaires dégoûtantes. De plus, il est venu m'importuner chez moi, au moins dix fois, pour m'engager à être directrice de la confrérie de Saint-Vincent-de-Paul. Je l'ai toujours remercié, car je n'aime pas à m'occuper de ces affaires-là. Ce qui ne m'empêche pas de remplir mes devoirs de chrétienne, monsieur, excepté cette année, à cause des mauvais exemples que vous m'avez donnés.

« Depuis lors, M. C... m'en a toujours voulu, et, comme il ne pouvait rien me faire à moi-même, il s'en est pris à mon enfant. D'ailleurs, ce prêtre est une vipère. Ce n'est pas sa première victime. Dieu veuille que ce soit la dernière ! (Pauvre mère ! quel pressentiment !) Monsieur l'archidiacre, je crois en Dieu, et aussi je suis mère, eh bien, je vous promets que mon fils sera justifié et que je ne me contenterai pas de toutes vos balivernes de renvois de petits séminaires, de capacité de Paris; mais que vous serez bien forcé de me donner des raisons majeures, prouvées et appuyées sur le traité des irrégularités. »

Le 23 juin, ma mère retourna à l'archevêché, impatiente de recevoir une réponse définitive. Elle n'en reçut aucune. Ses efforts devaient être brisés, comme les miens; notre ennemi triomphait. Courage, M. C..., cultivez avec soin l'affection de M. Icard, votre bon père... en Dieu. Cette puissante influence dont vous disposez vous a déjà conduit de la Salpêtrière à la cure de Belleville, et de là à celle de Saint-Germain des Prés ; elle vous mènera bientôt à l'épiscopat. Vous possédez à un trop haut degré toutes les vertus d'un évêque ultramontain, pour ne pas arriver dans peu de temps à cette haute dignité.

Et vous, M. G....., son digne émule et son collègue dans la persécution dont j'ai été victime, vous qui le couvriez si bien de votre manteau afin qu'il vous couvrît du sien, attachez-vous de plus en plus à cet homme qui s'élève, comme le lierre s'attache à l'arbre qui grandit, et vous parviendrez aux mêmes sommets !

VI

M. Langénieux, nommé évêque de Tarbes, fût remplacé, comme vicaire général, par M. l'abbé Lagarde, ancien vicaire général de l'illustre archevêque Darboy.

Son entrée à l'archevêché, au mois d'octobre, fût pour moi comme un rayon de soleil après une horrible tempête. Il s'était fait, sous Mgr Darboy, me disait-on, une réputation de piété, de vertu et surtout un renom d'homme de cœur, sachant compatir avec les affligés.

Je n'hésitai pas à lui ouvrir mon cœur. Je lui exposai par écrit toute mon histoire. Je lui dis toutes les douleurs, toutes les humiliations que j'avais endurées depuis plus d'une année et je lui exprimai naïvement l'espoir que, dans son esprit de charité et de justice, il saurait mettre un terme à une situation intolérable, en me faisant délivrer enfin les lettres dimissoriales que je sollicitais.

Quelques jours après, j'allai prier M. Lagarde de me dire ce qu'il pensait de mes affaires. Je fus parfaitement accueilli : « M. Bichery, me dit-il, en me serrant la main, on vous a bien tracassé. Soyez tranquille, je vais vous tirer d'affaire. »

Hélas ! hélas ! M. G..... reprenait avec plus d'acharnement que jamais les menées souterraines de M. C....

Premier aumônier de la Salpêtrière, il pouvait, par un mot dit à l'archevêché en ma faveur, mettre fin à toutes mes misères. C'était l'avis de M. Bossuet, de M. Mugnier, de M. Dubourg et de tous mes amis. Ces messieurs ne me cachaient pas leur indignation. Il préféra le rôle de persécuteur, poussant l'audace jusqu'à faire entendre des menaces contre ma mère et contre moi. Il lui fut donné, à lui aussi, de prévaloir contre la justice et contre la vérité, comme on va le voir.

Le 12 décembre, je vis à l'archevêché M. Lagarde. Il me dit : « J'ai reçu deux lettres de votre mère dans lesquelles elle se plaint amèrement de M. G..... et le traite de *niais*.

« — Monsieur l'archidiacre, ma mère à toute confiance en vous et vous dit naïvement sa pensée. M. G..... n'avait qu'à se bien conduire envers elle. Elle vous parle comme une mère offensée, car depuis un an on me tracasse beaucoup.

« — Je n'ai qu'à envoyer les lettres de votre mère à son directeur, me dit-il, en élevant la voix, pour lu faire perdre son pain.

« — Oh ! Monsieur l'archidiacre, cela ne se fait pas aussi facilement. » Criant de plus en plus fort, M. Lagarde me dit : « Je sais ma théologie aussi bien que vous.

« — La chose ne vous est pas difficile, Monsieur l'archidiacre.

« — Je ne crains rien ; j'ai traversé la Commune ; j'ai été devant Raoul Rigault ; je ne crains absolument rien, et je vous le dis bien en face : *Vous n'êtes pas* CAPABLE POUR PARIS.

« — Monsieur l'archidiacre, si je disais cela à un enfant du petit catéchisme, il me rirait au nez : l'Église est partout la même ; d'ailleurs, les seuls juges de ma capacité, ce sont mes supérieurs du grand séminaire d'Arras.

« — Je sais bien que cela n'a pas de sens. Quand nous vous disons que vous n'êtes pas *capable pour Paris*, nous avons tort. Tout ce qu'on vous fait est mal. C'est égal, nous ne céderons pas... et personne au monde, ni curé, ni pape, ne nous fera reculer. Vous ne verrez jamais l'archevêque de Paris, vous ne parviendrez jamais jusqu'à lui, et, quand même il voudrait vous donner vos lettres dimissoriales, nous nous y opposerons toujours.

« — Mais vous n'en avez pas le droit.

« — Nous le prendrons. Pouvez-vous, avec votre tête, faire un trou dans le marbre de ma cheminée?

« — Je n'essayerai pas, Monsieur l'archidiacre.

« — Eh bien, vous n'aurez pas plus vos lettres dimissoriales. Et puis, vous avez l'air de me prendre en affection, je vous défends de revenir ici, car je ne vous recevrai plus, je vous ferai interdire ma porte.

« — Soyez tranquille, Monsieur l'archidiacre, je ne reviendrai plus. »

Le ton de ma voix était toujours modéré, son exaspération affermissait mon calme.

« — Quant à la soutane que vous portez dignement, je n'ai pas, au civil, le bras assez long pour vous la faire ôter et nous n'avons rien à vous reprocher, sans quoi ce serait fait depuis longtemps (il n'avait qu'à le dire au commissaire de police; mais, en effet, il leur fallait une raison). Il y a beaucoup de monde qui m'attend dans mon antichambre, partez... » et comme je me disposais à partir, il ajouta : « Vous m'avez fait une bonne impression, mais, nous ne céderons jamais, entendez-vous bien? Partez et ne revenez plus. »

Bien entendu, je ne remis plus les pieds à l'archevêché. Évidemment, on m'avait abusé sur le haut mérite de M. Lagarde. Je vis seulement que malgré la voix de soprano et la taille d'enfant que la nature lui a départies, il a le verbe cassant et le bras long.

Mais, pourquoi ces évocations des souvenirs de la Commune? Eh ! ne le sait-on pas qu'il n'a pas eu peur? Que, nouveau Régulus, esclave de son serment comme l'ancien, il s'est empressé de se rendre auprès de son malheureux archevêque, Mgr Darboy, prisonnier, pour mourir avec lui?

Toute la France ne sait-elle pas avec quel accent d'héroïsme, l'illustre archidiacre peut répéter cette parole fameuse : LA GARDE MEURT ET NE SE REND PAS?

Quant à insister auprès du cardinal Guibert, il était inutile d'y songer. N'était-ce pas en son nom que ses vicaires généraux avaient agi et parlé? La lettre suivante ne laisse aucun doute sur ce point.

CONGRÉGATION DES OBLATS DE MARIE

« Paris, le 6 juillet 1874.

« Monsieur l'abbé,

« J'ai vu ce matin Son Éminence, je lui ai parlé de votre affaire. En prononçant votre nom, j'ai vu qu'elle était parfaitement au courant de toutes les démarches que vous aviez faites pour obtenir des lettres dimissoriales. Son Éminence m'a dit pourquoi ces lettres ne vous étaient pas données et m'a dit aussi qu'on vous avait fait connaître le motif pour lequel elles vous étaient refusées, ce qui me dispense de vous le donner par écrit; cependant, si vous croyez qu'il y a d'autres motifs, je dois vous dire qu'il n'en est rien, et, si vous désirez avoir avec moi un entretien, je pourrai vous en convaincre.

« J'ai l'honneur d'être, Monsieur l'abbé, votre très humble serviteur,

« P. AUBERT,
« Supérieur. »

On le voit, c'était bien au nom du cardinal qu'on m'avait interdit la porte de l'archevêché. C'était bien lui qui m'avait chassé de sa maison.

Je me tournai alors vers Rome ; je m'adressai d'abord au nonce du pape à Paris ; ensuite au préfet de la congrégation des évêques et réguliers, puis enfin au pape lui-même.

Je ne pouvais croire, dans mon inexpérience des hommes et des choses, qu'il n'y eût pas dans l'Église un tribunal qui me fît rendre justice. Je fus bien vite désabusé.

On me répondit de toutes parts, non pas que l'archevêque avait raison, au fond, et que j'avais tort ; mais que je devais, avant tout, me munir de lettres de recommandation de sa main. Ainsi l'exigeaient les règles hiérarchiques ; qu'à défaut de ces lettres de mon archevêque, je ne serais accueilli de personne et que je me briserais. Ainsi, on me repoussait de partout sous les pieds du cardinal. J'étais enfermé, étreint comme dans un cercle de fer d'où il m'était impossible de sortir.

Je cherchais une issue et je n'en trouvais pas. Je priais, je pleurais, j'étais en proie à des angoisses sans nom. « Que ne suiviez-vous les conseils de votre mère, homme simple et par trop naïf ? » me dira-t-on. « Il fallait envoyer promener tout ce monde-là et briser le joug de tous ces tyrans. Puisqu'ils ne veulent pas de vous, pourquoi les cherchez-vous ? » Dans les moments d'indignation, je me disais tout cela. Mais je ne pouvais me résigner à abandonner ma vocation. Elle avait pour moi, et malgré tout, de tels attraits, des charmes si puissants, si nobles, qu'ils m'entraînaient invinciblement. Peu de personnes me comprendront, je le sais; beaucoup de gens me blâmeront; un plus grand nombre rira de ma simplicité. J'avais la foi; voilà mon excuse, et la foi transporte les montagnes. Je ne transportai aucune montagne, mais je brisai mes chaînes et j'allai demander à la Suisse, la liberté qu'on me refusait en France. C'était au mois d'avril 1875, après une lutte douloureuse de trois ans.

Aujourd'hui, j'en bénis le ciel; mes yeux se sont ouverts peu à peu à l'éclat de la vérité, et la vérité m'a affranchi de la servitude. Je fus reçu à bras ouverts sur cette terre libre de l'Helvétie que Dieu semblait s'être réservée au milieu de l'effondrement général.

J'y connus quelques prêtres pleins de foi et animés d'un grand courage pour la défense des saines doctrines. Je suivis les cours de l'université de Berne et je m'appliquai avec ardeur à l'étude. J'étudiai attentivement les savants ouvrages de M. l'abbé Michaud et les travaux récents des illustres docteurs catholiques sur l'histoire de l'Église.

Je vis, comme à la lumière du soleil, que l'histoire de l'Église qu'on m'avait présentée jusqu'alors, n'était qu'un tissu de faussetés;

Que le dogme récent de la prétendue infaillibilité personnelle du pape n'était qu'un audacieux mensonge;

Qu'il n'avait aucun fondement dans l'Écriture ni dans la tradition et que les prétentions ambitieuses des papes n'ont d'autres bases que les fausses décrétales;

Que la puissance souveraine qu'ils s'arrogent dans l'Église et sur l'Église n'est qu'une usurpation sacrilège et un démenti jeté à tous les conciles;

Je vis que le prétendu concile du Vatican ne représentait pas l'Église universelle, attendu que des trois ordres de l'Église, un seul, celui des évêques, y fût convoqué ;

Que la plupart d'entre eux ont menti, en déposant comme témoins de la foi, que l'infaillibilité du pape avait été de tout temps, et était encore la foi universelle de leurs diocèses ;

Je vis aussi que tous les évêques ont abdiqué leurs pouvoirs entre les mains d'un seul, et que l'Église, dès le 18 juillet 1870, n'était plus ce que son divin fondateur l'avait faite, ce qu'elle avait été jusque-là ; la réunion des trois ordres, des fidèles, des prêtres et des évêques, *plebs adunata sacerdoti*, mais que l'Église, désormais, c'était le pape, la domination d'un seul sur tous, une effroyable théocratie ;

Je vis enfin que le choix des pasteurs appartient au peuple ; que, depuis le premier concile de Jérusalem jusqu'au XIVᵉ siècle, tous les pasteurs, curés, évêques et les papes eux-mêmes ont été élus par les fidèles et le clergé, suivant cette maxime proclamée si souvent et toujours suivie : *Celui qui doit être à la tête de tous doit être nommé par tous ;*

Que, par conséquent, les pasteurs imposés par les évêques seuls, ou par le pape seul, sans le peuple et souvent malgré lui, ne sont que des *intrus ;* attendu qu'ils n'ont été nommés que par un pouvoir usurpateur des droits du peuple ;

Que tout prêtre a reçu avec le sacrement de l'Ordre, la mission de Jésus-Christ et le pouvoir d'exercer les fonctions sacerdotales, et que, par l'élection populaire, l'Église lui désigne le territoire sur lequel il doit les exercer, etc., etc.

Mes études terminées, et mes supérieurs s'étant assurés, par un sérieux examen, que *j'étais capable* et que *je n'étais pas indigne*, je fus admis aux ordres sacrés et à la prêtrise par l'illustre évêque de Bonn, Mgr Reinkens, le 11 novembre 1875.

Quelques temps après, j'étais chargé de la paroisse de Grandfontaine, dans le Jura bernois, où ma mère vint bientôt me rejoindre. Elle avait besoin de repos, après les effroyables agitations qui l'avaient si rudement secouée. Elle espérait — et je partageais cet espoir — que l'air pur de la Suisse, le calme de l'esprit et du cœur, une vie tranquille auprès de moi, rétabliraient ses forces et lui rendraient bientôt la santé. Elle était naturellement robuste; mais les grands chagrins qu'elle avait endurés à mon occasion, lui avaient causé une maladie de cœur qui était sans remède et qui devait l'emporter avant le temps.

Elle fût forcée de rentrer à Paris, où je l'accompagnai. Le mal fit des progrès rapides. Trois semaines après, elle rendait doucement son âme à Dieu, dans la plénitude de sa raison et de sa foi, munie des tous les sacrements de l'Église. Elle expira entre mes bras..... après avoir reçu de moi une dernière absolution (1).

J'étais brisé de douleur ! Ma pauvre mère était morte ! morte victime de mes persécuteurs ! C'était affreux ! Ah ! que Dieu pardonne à ses bourreaux ! Pour moi, je ne puis que les livrer aux remords de leur conscience ! si toutefois ils sont capables de remords.

Après ce cruel événement, je repris le chemin de la Suisse, le cœur déchiré et j'allai continuer à Grandfontaine les fonctions de mon ministère pastoral. Ma mère avait laissé dans ma paroisse, comme à la Salpêtrière, de nombreuses sympathies. Ce fut pour moi une douce

(1) Son corps repose au cimetière Montparnasse, en attendant la bienheureuse résurrection.

consolation que d'y recevoir les touchants témoignages qui m'en furent donnés.

L'archevêché de Paris, me voyant prêtre, regretta amèrement ses inqualifiables persécutions; il mit tout en œuvre pour me faire rentrer dans son Église, dont il m'avait si brutalement exilé. Il alla jusqu'à me faire offrir de l'argent, si je voulais rentrer dans son clergé. Il paraît que j'étais devenu CAPABLE POUR PARIS; les flatteries mêmes ne furent pas épargnées.

J'ai dans les mains trois lettres qui me furent adressées de la part de l'archevêché. Elles prouvent ce que je viens de dire.

En 1879, je quittai la Suisse et je revins à Paris, mais non pas, certes, pour me jeter aux pieds du cardinal Guibert, dont jamais je ne partagerai les erreurs. Attaché d'esprit et de cœur à la foi ancienne, à la foi immuable de mes pères, enfant de l'Église nationale de France, ennemi, comme elle, de toute nouveauté doctrinale, je lui serai fidèle, avec la grâce de Dieu, jusqu'au dernier soupir.

M⁰ʳ Herzog, le pieux et savant évêque de la Suisse, m'envoya à l'église catholique gallicane de la rue Rochechouart, dont M. Hyacinthe Loyson est curé, et où je fus nommé vicaire.

Je suis heureux de retrouver dans cette paroisse, maintenant organisée, l'enseignement et la foi de l'ancienne Église de France, de cette Église catholique gallicane que tant de saints et savants prêtres, que tant de grands évêques ont illustrée de leur science et de leurs vertus. Je suis heureux de coopérer, dans la mesure de mes forces, à cette belle œuvre de restauration de notre ancienne Église catholique; les fidèles adhérents de la vieille foi de nos pères s'y pressent, de jour en jour, plus nombreux et plus fervents. Mon bonheur et ma joie est de consacrer à ces frères bien-aimés mon entier dévouement.

Maintenant, je remercie Dieu d'avoir permis que je fusse soumis à de si cruelles épreuves et de m'avoir soutenu à travers tant de persécutions. Sans elles, je serais encore plongé dans les erreurs de l'ultramontanisme. Qu'il soit donc mille fois béni de m'avoir amené, par ces voies amères, à la découverte de la vérité.

Paris, 10 février 1880.

Sceaux. — Imp. Charaire et Fils.

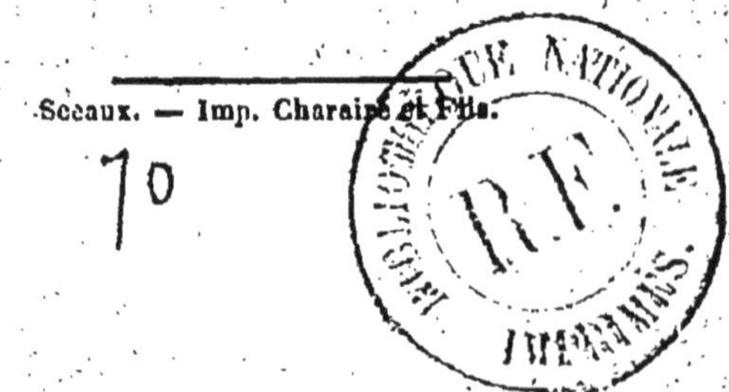

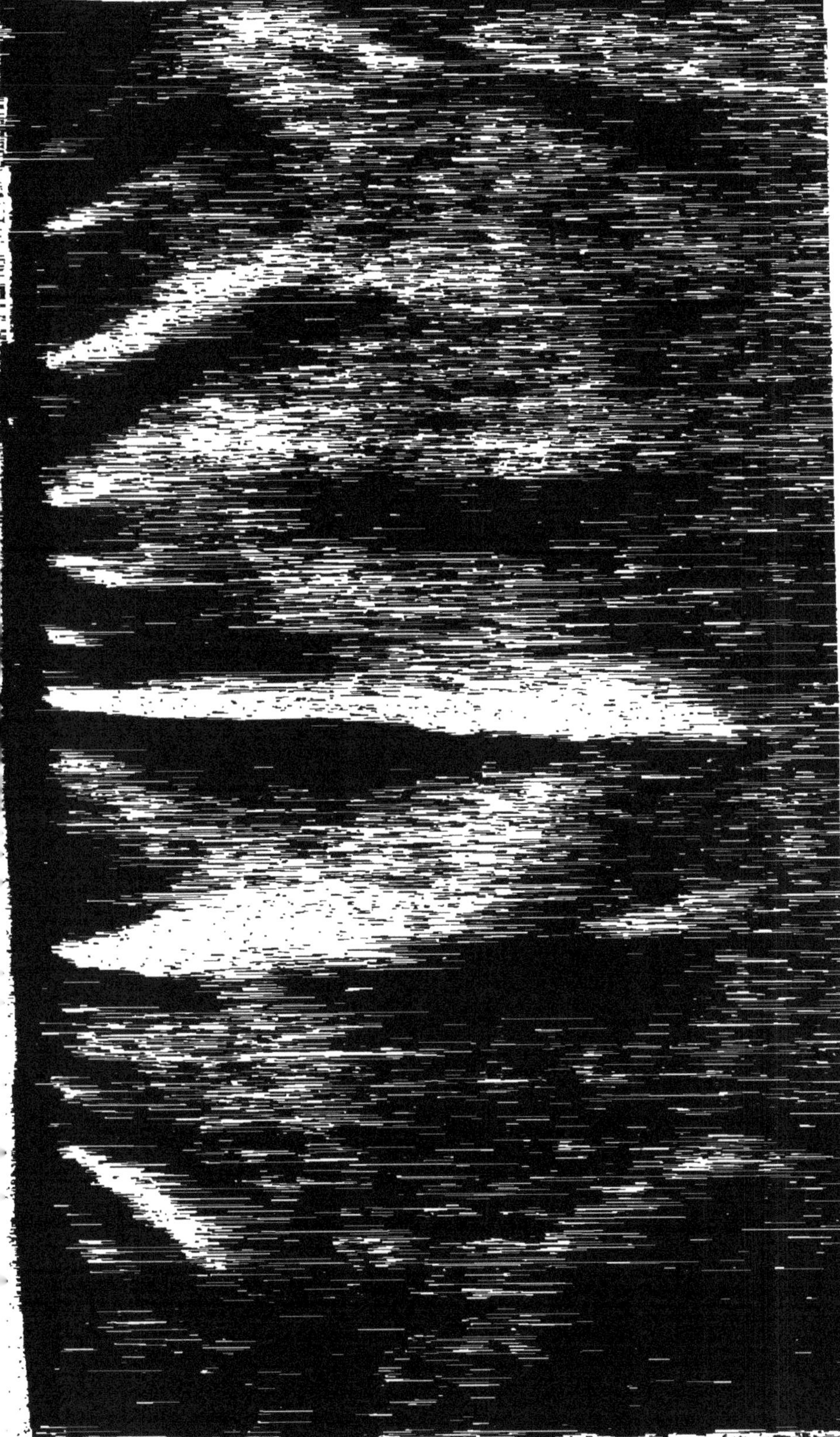

MADAME V^{VE} BICHERY

Ancienne Surveillante à la Salpêtrière

TROISIÈME ÉDITION

Augmentée d'une Lettre à M. l'abbé Dalbin
prêtre ultramontain.

Prix : 50 centimes

Sceaux. — Imprimerie Charaire et fils.

9 782019 957209